ACTEURS CHANTANTS
DANS LES CHŒURS.

CÔTÉ DU ROI.		CÔTÉ DE LA REINE.	
Mesdemoiselles.	*Messieurs.*	*Mesdemoiselles.*	*Messieurs.*
Durand.	Chicot.	D'alliere.	L'écuyer.
Guillaume.	Vaudemont.	Salaville.	Albert.
La Croix.	Héri.	D'agée.	Tourcati.
Delor.	Cailteau.	Adélaïde.	Bourdon.
Beauvais.	Lecoutre.	Duprat.	Platel.
Barrage.	Rose.	Lebourgeois.	Feret.
Thévenot.	Robin.	Rosalie.	Du Perrier.
	Antheaume.		Boi.
Héri.	Méon.	Jouette.	Laurent.
Defontebles.	Botson.	Desrosieres.	Cavaillier.

ACTEURS.

ALINE, *Reine de Golconde*, Mlle. Arnould.

ZÉLIS, *Amie & Confidente de la Reine*,   Mlle. Duranci.

USBEK, *Seigneur Golcondois*, M. Legros.

St PHAR, *Général François*, M. L'arrivée.

UN VIEILLARD, *Berger*, M. Durand.

UNE BERGERE,   Mlle. Dubrieulle

OFFICIERS FRANÇAIS & GOLCONDOIS.

SOLDATS FRANÇAIS & GOLCONDOIS.

GUERRIERS GOLCONDOIS.

AMAZONES GOLCONDOISES.

MANDARINS.

PEUPLES GOLCONDOIS.

BERGERS & BERGERES.

PASTRES & PASTOURELLES.

MATELOTS & MATELOTES.

ALINE,

REINE DE GOLCONDE,

BALLET-HÉROÏQUE,

En trois Actes, ·

REPRÉSENTÉ, POUR LA PREMIERE FOIS,

PAR L'ACADÉMIE-ROYALE

DE MUSIQUE,

Le Jeudi 10 Avril 1766.

PRIX XXX. SOLS.

AUX DÉPENS DE L'ACADÉMIE.

A PARIS, Chés DE LORMEL, Imprimeur de ladite Académie, rue du Foin, à l'Image Sainte Genevieve.

On trouvera des Livres de Paroles à la Salle de l'Opera.

M. DCC. LXVI.

AVEC APPROBATION ET PRIVILEGE DU ROI.

Le Poeme eſt de Monſieur *SEDAINE*.

La Muſique eſt de M ***.

PERSONNAGES DANSANTS.

ACTE PREMIER.

GUERRIERS GOLCONDOIS.

M. LIONNOIS

M^{rs}. Lani, 1., Trupti, Riviere, Henri, Lani, 2.;
Grenier, Defpréaux Gardel, c.

AMAZONES GOLCONDOISES.

M^{ll}. LIONNOIS.

Mlles. Demiré, S^t. Martin, Petitot, Gaudot,
Mercier, Siane, Mimi, Rouffelet.

JEUNESSE GOLCONDOISE.

M. GARDEL, Mlle. GRANDI.

M. Lebrun, Francifque, Legrand, Beaulieu.
Mlles. Duperrei, Dervieux, Leroi Leclerc.

ACTE SECOND.

BERGERS & BERGERES.

Mlle. PESLIN.

M. LEGER,   Mlle. ADÉLAÏDE.

M^rs. Dubois, Rogier , Leroi , Grenier , Lieſſe, Gougi.

Mlles Gaudot, Grandi, Buart Mercier , Dauvilliers, Chaſſaigne.

PASTRES & PASTOURELLES.

M. D'AUBERVAL. Mlle. ALLARD.

M^rs. Béate, Cezeron, Doſſion, Giguet.

M^les. Cornu, Lahaie, Villette, Vernier.

ACTE·TROISIEME·

GOLCONDOIS & GOLCONDOISES.

M. VESTRIS.

M. DAUBERVAL, M^{lc}. PESLIN.

M^r. Lani, 1., Riviere, Trupti, Henri, Grenier, Lani, 2.

Mlles. Demiré, St Martin, Petitot, Gaudot, Siane, Mimi.

BERGERS & BERGERES.

M^{lc}. DUPERREL.

M^{rs}. Dubois, Leroi, Grenier, Lieffe.

Mlles. Buart, Mercier, Dauvilliers, Chaffaigne.

MATELOTS FRANÇOIS.

M. LEBRUN, M^{lc}. DERVIEUX.

M^{rs}. Gougi, Defpréaux, Giguet, Bourgeois.

Mlles Cornu, Lahaie, Vernier, Demarci.

<hr />

L E joli Conte d'Aline m'a paru si répandu dans le Public, & si digne de l'être, que je n'ai point héfité de le mettre au Théâtre. Le sujet en est si connu, qu'il pourroit se pâffer de Programme; en effet, qui ne sait pas que St Phar, Gentilhomme Français, à peine adolescent, rencontra l'innocente Aline dans un Vallon, au lever de l'Aurore.

Se voir, s'aimer, se le dire, ne fut pour ce joli Couple que l'affaire d'un inftant. St Phar, forcé de quitter sa Bergere, lui donna un Anneau d'or, qu'il la pria de conferver toute sa vie.

Quelques années après, par un de ces événemens, qui n'a pas befoin de preuve, Aline devint Reine de Golconde. Le cœur toujours occupé de son premier amour, elle fit arranger dans son Parc un lieu femblable à celui où elle avoit connu St Phar.

Par un événement, peut-être auffi fingulier, St Phar quitte la France, pâffe dans les Indes, & eft nommé Ambaffadeur vers la Reine de Golconde: il en eft reconnu, (Ier. Acte) elle se préfente à lui habillée en Bergere, (IIe. Acte) & ils s'aiment comme le premier jour, (IIIe. Acte.)

L'Hiftoire ne dit pas que St Phar monta fur le Thrône de Golconde; mais Aline a fans doute fait pour St Phar, ce qu'Angélique a fait pour Medor.

ACTE

ACTE PREMIER.

Le Théâtre représente un Sallon orné magnifiquement, dans le goût asiatique; un Thrône, sur un des côtés, élevé au-dessus du parquet, de plusieurs gradins.

SCÉNE PREMIERE.

(Les grands Seigneurs GOLCONDOIS sont supposés attendre la Reine : un d'eux est au côté gauche du Thrône ; il se nomme Usbek.)

USBEK, GOLCONDOIS.

LE CHŒUR.

CHANTONS la Reine de Golconde !
Qu'elle soit toûjours
Les amours ,
La gloire & le bonheur du monde.

B

USBEK.

Qu'un profond refpect vous enchaîne,
Profternés-vous ; voici la Reine.

SCÊNE II.

LA REINE, *le vifage couvert, en partie, de fon
voile ;* ZÉLIS, USBEK, *Suite de* LA REINE;
MANDARINS.

(*Marche* GOLCONDOISE : *la* REINE *arrive, précédée &
fuivie de fon cortege ; tous les Grands fe profternent :
elle monte fur fon Thrône, accompagnée de* ZÉLIS,
fur laquelle elle s'appuie.)

USBEK.

QUe le Général des Français
Soit introduit dans le Palais.

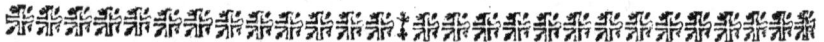

SCÊNE III.

LES ACTEURS DE LA SCÈNE PRÉCÉDENTE.
Sᵗ. PHAR, OFFICIERS FRANÇOIS.
(*Marche des* FRANÇOIS : *l'Ambaffadeur entre, précédé
& fuivi de fon Cortege.*)

Sᵗ *PHAR.*

GÉnéral des François établis fur ces rives,
Je viens renouveller, à votre avénement,

Les affûrances les plus vives
Du plus fincere attachement.
Qu'il eft flateur pour moi d'en faire le ferment
Aux pieds d'une illuftre Princeffe !
Hé, quel Français ne feroit enchanté
De remplir un traité, que dicte la fageffe,
Sous l'empire de la beauté !

U S B E K.

La Reine connoît votre zele,
Son cœur ne l'oubliera jamais ;
Elle veut, qu'en ce jour, une conftante paix
Entre elle & vous fe renouvelle.

Sᵀ. P H A R.

Si jamais
Du fein des montagnes,
L'ennemi venoit dans vos campagnes
Répandre l'horreur,
Semer la terreur ;
Sûrs avec vous de la victoire,
Nous partagerons votre gloire :
Oui, pour défendre vos États,
Employés nos cœurs & nos bras
Dans les combats :
Pour un Français, c'eft un bonheur
De fe livrer à fa valeur.
Illuftre Reine,   Bij

L'honneur nous mene ;
Et s'il paroît quelqu'ennemi,
Offrés-nous, offrés-nous à lui :
Faut-il l'attendre,
Ou le chercher ?
Nous ferons tous, pour vous défendre,
Prêts à marcher.

USBEK & le CHŒUR des FRANÇAIS.

Oui, pour défendre vos États,
Employés nos cœurs & nos bras
Dans les combats :
Pour un Français, c'eſt un bonheur
De ſe livrer à ſa valeur.
Illuſtre Reine,
L'honneur nous mene,
Et s'il paroît quelqu'ennemi,
Offrés-nous, offrés-nous à lui :
Faut-il l'attendre,
Ou le chercher ?
Nous ferons tous, pour vous défendre,
Prêts à marcher.

(ZÉLIS monte quelques marches du Thrône ; la REINE
lui parle ; ZÉLIS redeſcend, & dit à St. PHAR.)

Ne quittés pas fi-tôt ce fortuné féjour ;
La Reine vous invite aux fêtes de fa Cour.

(*On reprend la Marche des Français : l'Ambaffadeur fe
retire ; toute la fuite de la* REINE *rentre dans le Palais.*)

SCÊNE IV.

LA REINE, ZÉLIS.

LA REINE.

Z Élis, ah ! je me meurs... c'eft lui, oui, c'eft lui-
même !

ZÉLIS.

Qui ? ce Français.

LA REINE.

Celui que j'aime.
Zélis, tous mes fecrèts font écrits dans ton cœur ;
    Tu confoles ta Souveraine
    Du pénible & brillant honneur,
    De cacher la foibleffe humaine
    Sous le voile de la grandeur.
Ce Français, ce Guerrier, c'eft St Phar, c'eft lui-
même !

Z É L I S.

Craignés de vous tromper ; c'eft peut-être une erreur.

L A   R E I N E.

Méconnoît-on la voix de ce qu'on aime ?
Il fembloit que mon cœur l'attendoit ; ah, grands
    Dieux !
Il paroît... je frémis !.. il parle... & dans mon âme
Un éclair... ah, Zélis ! une glace... une flâme...
    Un nuage a couvert mes yeux,
Je n'ai rien vu... c'eft lui, c'eft lui-même ; ah, grands
    Dieux !
    Ah, quel moment pour un cœur tendre!
    Non, non, tu ne le conçois pas :
    Le defirer, le voir, l'entendre,
    Et des yeux conduire fes pas...
    Ce fon de voix, ah, comme il touche!
    Comme il enchantoit tous mes fens!
    Mon âme voloit fur fa bouche,
        Pour jouïr de fes accens.

Z É L I S.

Hélas ! fous un autre hémifphere,
Si de vos nœuds fon cœur a fu fe délier ;
    Alors-que prétendés vous faire ?

LA REINE.

Baiffer les yeux, gémir, & l'oublier.

ZÉLIS.

L'oublier !

LA REINE.

L'oublier ! ce mot me défefpere.

ZÉLIS.

Par quels refforts fecrèts, par quels moyens heureux,
Saurés-vous fi fon cœur eft fidele à fes feux ?

LA REINE.

Tu connois ce gâfon, arrôfé de mes larmes,
Ce hameau, par mes foins élevé fous mes yeux,
     Ce bocage fi plein de charmes,
     Ce bofquet fi délicieux ;
C'eft l'image des lieux, où mon âme charmée,
S'eft voüée à l'objet que je n'ai pu bannir :
     C'eft-là que mon âme calmée,
     Jouït de fon reffoûvenir ;
Et je le vois ! .. Demain, quand l'Aurore naiffante
Aura couvert de fleurs ce bofquet amoureux,
Que fes premiers regards, jettés fur fon amante,
Rappellent, s'il fe peut, fes ferments & fes feux.

Z É L I S.

Vous, Reine, & dans Golconde ! il vous verra préfente ?

  Il n'en pourra croire fes yeux.

L A R E I N E.

  Prends cet anneau : fi de ce gage
  Il ne reconnoît pas le prix ;
Si le lieu , fi l'inftant & le même bocage ;
Si fon Aline , offerte à fes regards furpris ,
Ne dit rien à ce cœur , dont le mien eft épris ;
Qu'il parte.... il ne faura jamais que dans Gol-
  conde
Son Aline n'aimoit , ne refpiroit que lui ;
  Que , quoiqu'à mes vœux tout réponde ,
Lui feul eft le feul bien que je defire ici.

  Toi , qu'avec des traits de flâme
  L'amour grava dans mon cœur ,
  Eft-il refté dans ton âme ,
  Des traces de notre ardeur ?

  Cette Aline , dont l'aurore
  S'embelliffoit de tes feux , .
  Peut-elle efpérer encore
  D'être digne de tes vœux ?

Si

Si jamais d'un cœur fincere,
L'Amour reçut le ferment,
C'eft celui qu'une bergere,
Fit alors à fon amant.

Serment que, baignés de larmes,
Nous répétâmes cent fois,
Auriés-vous perdu vos charmes ?
Auriés-vous perdu vos droits ?

C

✳✳✳✳✳✳✳✳✳✳✳✳✳✳✳✳✳✳✳✳✳✳✳✳✳

SCÈNE V.

LA REINE, ZÉLIS, USBEK.

(Pendant la Ritournelle de l'air précédent, USBEK entre, s'approche de ZÉLIS ; il est supposé lui parler: ZÉLIS s'avance vers LA REINE.)

ZÉLIS.

O Reine!...

LA REINE.

Je t'entends ; la fête est commencée.
Viens remplir le projet qui s'offre à ma pensée.

SCÈNE VI.

Le Théâtre change & représente une Place publique.

USBEK, PEUPLE GOLCONDOIS.

C H Œ *U R des P E U P L E S.*

Vive l'honneur du nom Français!
Vive à Golconde,
Vive la paix !
Que tout à nos desirs réponde :
Vive à Golconde,
Vive la paix !
Que sur la terre & que sur l'onde,
Une tranquillité profonde,
Laisse circuler les bienfaits
Et les trésors du monde.

Vive, &c.

(*On danse.*)

USBEK, à Sᵗ PHAR.

Sur les bords charmants de la Seine,
Si quelque belle excite vos regrèts,
Pour l'oublier, livrés-vous aux attraits
D'une nouvelle chaîne.

C ij

Des regrèts la trace profonde,
Doit s'effacer fous de nouveaux defirs;
Le Gange, fur fes bords, vous offre des plaifirs
Auffi purs que fon onde.

Sur les bords, &c.

(On danfe.)

SCÊNE VII.

(Entrée de la jeuneffe GOLCONDOISE, portant des bouquèts.)

(On danfe pendant les Ritournelles qui font dans le CHŒUR fuivant.)

ZÉLIS, JEUNESSE GOLCONDOISE,
& les ACTEURS de la Scêne précédente.

ZÉLIS a deux bouquèts, un de diamants, l'autre de fleurs; elle les préfente à St PHAR.

DAns nos climats l'éclat le plus divin,
Plus qu'en tout lieu, fait briller la nature:
Voici les tréfors de fon fein;
En voilà la parure.

ZÉLIS & le CHŒUR.

Voici les tréfors, &c.

(On danfe.)

ZÉLIS, *à Sᵀ. PHAR, en lui donnant*
le bouquèt de fleurs.

Prenés ces fleurs, admirés leur beauté ;
Respirés-en l'odeur enchanteresse :
   Qu'elle charmante volupté !
   Ah , quelle douce ivresse !

ZÉLIS & *le* CHŒUR.

   Quelle charmante , &c.

                (On danſe.)

ZÉLIS, *à Sᵀ PHAR , en lui donnant le*
bouquèt de diamants.

Par ces brillants , par ces bijoux exquis ,
Dont il paroît que l'éclat vous étonne ;
   Jugés quel doit être le prix
   Du cœur qui vous les donne.

ZÉLIS & *le* CHŒUR.

   Jugés quel , &c.

                (On danſe.)

Sᵀ P H A R.

Le parfum de ces fleurs , ces odeurs étrangeres ,
   Appéſantiſſent mes paupieres ;
Le ſommeil ſur mes yeux vient verſer ſes pavots ;
Jouïſſons un inſtant des douceurs du repos.

LE *CHŒUR*, *à demi voix.*

Jouïffés, jouïffés des douceurs du repos.

(On danfe.)

(Pendant cette partie du Divertiffement, on met au doigt de Sᵗ *Phar l'anneau que la* REINE *a danné à* ZÉLIS *, dans la IV. Scêne.)*

FIN DU PREMIER ACTE.

ACTE DEUXIEME.

Le Théâtre représente un joli Bocage ; dans le fond un Payſage charmant ; un Village ſur le revers d'une coline, & un Château, dont les jardins dominent ſur la plaine : entre le Payſage & le Bocage, eſt un torrent, ſur lequel eſt un Pont, fait avec des arbres, couchés ſans art.

SCÊNE PREMIERE.

(L'inſtant eſt le lever de l'Aurore.)

S^r P H A R, ſeul.

RÉvé-je !... où ſuis-je ?... dans quels lieux ?
Que la nature paroît belle
En ce moment délicieux !

Le jour naît... il s'éleve... il embraſſe les cieux ;
    L'air ſe remplit d'une fraîcheur nouvelle ;
        La terre ſemble reſpirer :
        Tout revit , tout ſe colore ,
        L'inſtant invite à ſoûpirer ;
        Que de beautés vont éclore !
        Le doux Zéphir vient ſe jouër
      - Dans les perles que l'Aurore
        Aime à répandre , pour parer
        Le ſein brillant de Flore.

Tout ici me rappelle un ſoûvenir charmant !
        Ce fut dans un même bocage,
        A la même heure , au même inſtant
        Que mon cœur partagea l'hommage
        De l'amour le plus conſtant.
    Aline ! Aline ! ô doux moment !

        Jamais ſur un plus beau trône,
        L'amour n'éleva deux cœurs ;
        Jamais plus belle couronne ,
        Ne coûta moins aux vainqueurs.
        Tu parois , & tout annonce,
        Entre nous le plus beau feu :
        Un regard fit mon aveu ;
        Un ſoûpir fut ta réponſe.

                        Aline,

Aline, chere Aline! au bout de l'Univers,
　　Aline, envain mon cœur t'appelle;
　　Les gouffres immenfes des mers
　　Sont une barriere éternelle,
Et mes accens fe perdent dans les airs!

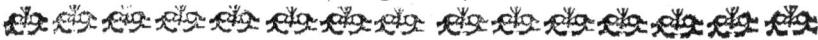

SCÈNE II.

ALINE, S. PHAR.

S. PHAR.

MAis, qu'apperçois-je? une Bergere!
Elle parut ainfi, des fleurs pour ornement,
　　Une corbeille, une taille légere;
Elle pâffoit ainfi fur un pont chancellant,
　　　　En tremblant.

　　Je crois voir les mêmes grâces,
　　Son air, fes pas enchanteurs:
　　J'enviois le fort des fleurs
　　Qui fe courboient fur fes traces.
Je les envie encore. Amour! tu me menaces.

　　Mais le charme du fommeil
　　Sufpend-il encor mes efprits?
　　Eft-ce l'éclat du réveil
　　Qui trompe mes regards furpris?
Mon jugement s'égare, ou mon cœur imagine
Qu'Aline...　　　　　　　　　D

ALINE.

Quoi, Seigneur?

ST PHAR.

Vous vous nommés Aline?

ALINE.

C'est mon nom.

ST PHAR.

Votre nom?

ALINE.

Oui, Seigneur.

ST PHAR.

Ah, Dieux! quel est mon trouble extrême!
Comment! cette Aline, que j'aime,
Quoi, vous!.. non, non, c'est une erreur.
Où suis-je? & dans quels lieux?

ALINE.

Vous êtes ce Seigneur,
Dont le jardin sur la plaine domine:
St Phar.

ST PHAR.

Hé bien, St Phar!

ALINE.

Voici votre château;
Et moi, j'habite ce hameau,

Que nous cache cette coline.

Sᵗ   P H A R.

Cette coline .... Aline !.. est-il rien de pareil ?

A   L   I   N   E.

Je ne vous dis point un menfonge.

Sᵗ   P H A R.

Amour, Amour, fi c'est un fonge,
Que mes jours ne foient qu'un fommeil !
Ce château... ce hameau ... ces bois... cette coline ...
Ses regards... fes accens .... c'est elle, c'est Aline !

Que ce foit un enchantement,
Ou la vérité que j'implore,
Chere Aline, je t'adore,
Je fuis toûjours ton amant !
Je rappelle mon ferment ;
Oui, je le répéte encore,
Chere Aline, je t'adore,
Je fuis toûjours ton amant !

A   L   I   N   E.

Ma bouche n'a qu'un langage,
L'expreffion de mon cœur ;
Je vous aime, je m'engage ;
Que je fixe votre ardeur :

D ij

Soyés à moi sans partage,
Je ferai votre bonheur ;
Recevés-en, comme un gage,
Ce ruban & cette fleur.

(Elle lui donne une fleur, où est attaché un ruban)

St PHAR.

Ah, que n'ai-je un anneau tel que... Dieux! c'est le
même,
C'est ce gage de ma foi;
C'est celui de ce que j'aime !
Ah ! sans doute, il est à toi.

ALINE.   St PHAR.

Aline, Aline vous adore ; | Aline, c'est toi que j'adore ;

Aline, Aline vous adore ;	Aline, c'est toi que j'adore ;
Le tendre Amour comble ses vœux.	Le temps ne peut rien sur mes feux, Aline, vous m'aimés encore ? Le tendre Amour comble mes vœux

ENSEMBLE.

Que nos chaînes soient éternelles,
Ne les brisons jamais ;
Que nos cœurs soient toûjours fideles.
Amour, ah, quels bienfaits !

ALINE.   St PHAR.

Aline, &c.   Aline, &c

St PHAR.

Mais, dites-moi...

(*A l'inſtant* ALINE *fait un ſigne ; & des* BERGERS
& BERGERES *paroîſſent ſur le côteau.*)

ALINE.

Je vois nos Bergers, nos Bergeres,
Ils nous ont vus ; je fuis.

Sᵗ PHAR.

Je vous fuis.

ALINE.

Non, je crains.

Sᶜ PHAR.

Que craignés-vous ?

ALINE.

Les difcours téméraires.
Et les regards malins.

Sᵀ PHAR.

Fuyons-les.

ALINE.

Non, Sᵗ Phar, reſtés.

Sᵀ PHAR.

Aline, ô Ciel, vous me quittés !
Je vous fuis.

ALINE.

Je le veux, reſtés.

Sᵣ *P H A R.*

Non.

A L I N E.

Non! Sᵗ Phar; confervés mon eftime.

Sᵀ *P H A R.*

Ah ! fi je fuis un inftant fans vous voir,
Je ne vois qu'une abîme,
Et je perds tout efpoir.

A · L · I · N E.

Sous cet ombrage
Arrêtés un moment ;
En me hâtant,
Du Village
Je reviens à l'inftant.

De ce bocage
Ne vous éloignés pas ;
Pour retarder mes pas,
Je trouve trop d'appas
Dans ce bocage.

Sous cet &c.

Sᵀ *P H A R.*
Hélas ! hélas !

SCÈNE III.

Sʳ PHAR, BERGERS & BERGERES,

& USBEK déguisé en BERGER.

(On danse.)

Sʳ P H A R.

HAbitans de ces lieux, connoissés-vous Aline?

U S B E K.

Si nous la connoissons,

UNE B E R G E R E.

Écoutés nos chansons !

USBEK & LA B E R G E R E.

C'est Aline
Qui fait nos plaisirs ;
Cette Bergere est divine :
C'est Aline,
Qui de nos loisirs,
Sait éloigner les soûpirs.

U S B E K, seul.

Loin des armes,
Les allarmes,
Ne nous font point verser de larmes ;

Sa tendreſſe,
Sa ſageſſe,
Répand le bonheur ſur nos jours.

LE CHŒUR.

Aline eſt nos amours ;
Qui pourroit en troubler le cours ?

USBEK & LA BERGERE.

C'eſt Aline, &c.

USBEK, ſeul.

Les plaiſirs que fait ſa préſence,
Sont pour nous
Des plaiſirs ſi doux !
Ce ſont ceux de la bienfaiſance ;
Mais que ces moments-là ſont courts !

LE CHŒUR.

Aline eſt nos amours ;
Qui pourroit en troubler le cours ?

USBEK & le CHŒUR.

C'eſt Aline, &c.

(On danſe.)

U

UN *VIEILLARD.*

Quoi, vous danſés? Enfants! eſt-ce là votre ouvrage ?
Le Soleil n'a pas fait ſon tour ;
Et ce n'eſt qu'à la fin du jour
Qu'on doit danſer ſous cet ombrage.
Le travail a ſes douceurs ;
La ſanté lui doit ſes charmes,
Et l'Amour lui doit les armes
Qui triomphent de nos cœurs.

Enfants ! &c.

USBEK.

Aline veut qu'ils ſe contentent ;
Elle a paru dans ces forêts.

LE *VIEILLARD.*

Je le veux bien, pourvu qu'ils chantent
Et notre amour & ſes bienfaits.

(*On danſe.*)

ST *PHAR*, au *VIEILLARD.*

Vieillard, qui leur donnés le conſeil le plus ſage,
Dites-moi quel eſt ce Château ?
Quel eſt le nom de ce Village?

LE *VIEILLARD.*

C'eſt...

E

U S B E K.

Silence !

LE VIEILLARD.

Seigneur, je retourne au Hameau.

(*On danse.*)

Sᵗ P H A R.

Que ces Bergers font heureux !
L'amour feconde leurs vœux !
Afile,
Tranquille,
Vous êtes fait pour eux.
Ah, que pour un tendre amant,
Le tems coûle lentement !
La peine,
La gêne,
Augmente mon tourment.
Aline, tu ne viens pas,
Je voudrois hâter tes pas,
Mon trouble,
Redouble ;
Accours, viens dans mes bras.

Mais quel foupçon dans mon cœur
Vient fufpendre mon bonheur ?

Je doute,
J'écoute
Un espoir trop flatteur.

(*On danse.*)

U S B E K.

L'Amour fuit les lambris dorés ;
Il aime à voltiger sur l'émail des prairies ;
C'est à l'ombre des bois, qui couronnent ces prés,
Qu'il enchaîne de fleurs ses compagnes chéries :
La splendeur,
La grandeur,
L'importune ;
Et c'est ici qu'il vient se consoler
De se voir immoler
A la fortune.

USBEK, la BERGERE & le CHŒUR.

L'Amour fuit les lambris dorés ;
Il aime à voltiger sur l'émail des prairies ;
C'est à l'ombre des bois, qui couronnent ces prés ;
Qu'il enchaîne de fleurs ses compagnes chéries :
La splendeur,
La grandeur,
l'importune ;
Et c'est ici qu'il vient se consoler

E ij

De fe voir immoler
A la fortune.

(*On danfe.*)

(*Pendant cette danfe , Sᵗ P H A R impatienté , monte par le chemin qu'A L I N E a parcouru : & , monté fur la coline , on apperçoit des foldats Golçondois qui le fuivent & l'entourent.*).

SCÉNE IV.

USBEK , *& les* BERGERS *&* BERGERES.

U S B E K.

Quittés, quittés, cette retraite,
Bergers, la Reine est satisfaite.

U S B E K & la B E R G E R E.

Aimés, aimés toûjours
Votre Bergere
La plus chere.
Aimés, aimés toûjours,
Celle qui regne sur vos jours.

L E *C H Œ U R.*

Aimons, aimons toûjours, *&c.*

U S B E K.

Les fleurs ont moins de grâces ;
Sur ses traces
Est l'Amour,
Et c'est dans ce séjour,
Qu'il a fixé sa cour.

L E *C H Œ U R.*

Aimons, aimons, *&c.*

USBEK & *la* BERGERE.

Formés, formés des vœux.

LE *CHŒUR.*

Formons des vœux.

USBEK & *la* BERGERE.

Priés.

LE *CHŒUR.*

Prions les Dieux,
Que le Ciel donne à ſes vœux,
Les ſuccès les plus heureux.

Aimons, aimons toûjours,
Notre Bergere,
La plus chere, *&c.*

(*Le* CHŒUR *en s'en allant, reprend le morceau.*)

FIN DU SECOND ACTE.

ACTE TROISIEME.

Le Théatre représente l'intérieur d'un Palais, dans le goût Asiatique ; des fleurs , des cassolettes , des tapis richesen font les ornements.

SCÈNE PREMIERE.

S'. P H A R entre , précédé & suivi par des Soldats armés , suivant le costume Golcondois ; on pose des Gardes à toutes les issues de l'appartement.

S'. P H A R.

SUIS-JE en France? suis-je en Asie ?
A Golconde , ou dans ma Patrie ?
  Je ne trouve dans mon cœur
Qu'incertitude & que fureur.

Ce fpectacle enchanteur ne peut être un menfonge;
C'eft Aline... ce font fes accens... fes appas ;
Je doute encor fi ce n'eft point un fonge....
Je la cherche... je vole.... on arrête mes pas;
       On m'arrête ! .. le fort me plonge
Dans un dédale affreux que je ne conçois pas.

     Suis-je en France , *&c.*

O vous , qui me gardés , par ordre de la Cour,
   Dites-moi, dites-moi fi, près de ce féjour...
     Mais je les interroge en vain ,
Nul ne répond ... O ciel ! quel fera mon deftin?

     O toi , que mon cœur adore ,
     Et qu'il n'oublia jamais ,
     Quoi ! je te perdrois encore ,
     Et frappé de nouveaux traits ;
     Il ne refteroit dans mon âme
     Que l'ardent defir de te voir;
     Que la vérité de ma flâme
     Et le vuide du défefpoir ?

SCÊNE

SCÈNE II.

ZÉLIS, Sᵗ. PHAR.

ZÉLIS.

Seigneur, par ordre de la Reine,
Je viens vous annoncer le plus parfait bonheur

Sᵗ PHAR.

Seroit-ce Aline?

ZÉLIS.

Quoi?

Sᵗ PHAR.

Parlés!

ZÉLIS.

Ma Souveraine
Vous offre & sa main & son cœur.

Sᵗ PHAR.

A moi!

ZÉLIS.

Seigneur, si la valeur suprême,
Si les héros font les appuis des Rois,
Si la vertu mérite un diadême,
Sur qui doit-elle ici laisser tomber son
choix?

F

Sᵗ *P H A R.*

Pardonnés à mon trouble extrême.
Mais dites-moi fi, non loin de ces lieux ,
Une françaife , une bergere ,
(Son éclat eft trop précieux
Pour ne pas illuftrer une terre étrangere :)
Aline , que mon cœur... ah , vous la connoiffés !
Vous ne répondés point ?

Z É L I S.

Seigneur, puis-je répondre ?
Un tel difcours a droit de me confondre :
Vos regards jufques-là fe feroient-ils baiffés ?

Sᵗ P H A R.

Eft-il un rang qu'Amour connaiffe ?
Les moins brillants , ou les plus hauts ,
Soit qu'il s'élève , ou qu'il s'abaiffe ,
Tous les dégrés lui font égaux.

Je la verrois , & je pourrois lui dire ,
Voilà ma main ; ah, que n'ai-je un empire !
Aline , fois conftante, & je n'envierai rien :
Hé, qu'envier, après ton bonheur & le mien ?

Eft-il , *&c.*

Z É L I S , *à part.*

Il l'aime ; pour fon cœur quelle félicité !

(à Sᵗ PHAR.)

Eſt-ce indifférence ou fierté ?
    Je vous offre une couronne,
    C'eſt la Reine qui la donne,
    L'eſprit, l'amour, la beauté
    Vous attendent ſur le thrône ;
    Et, loin d'écouter ſes vœux,
    Vous parlés d'une étrangere,
    Vous parlés d'une bergere,
    Et du choix le plus honteux !
    Quoi ! la ſuprême puiſſance
    Miſe à l'inſtant dans vos mains ;
    La profonde obéïſſance
    Et le reſpect des humains ;
    Quoi ! la Reine & tous ſes charmes
    Ne ſont que de foibles armes
    Pour vous donner un vainqueur ?
    Quel eſt le rang deſirable,
    Quel eſt donc l'objet aimable
    Qui peut toucher votre cœur ?

Sᵗ PHAR.

Aline !.. Mais c'eſt trop abuſer de ma peine :
Pourquoi me retient-on dans ce triſte palais ?
De quel droit m'arrêter ?

                              F ji

ZÉLIS.

Seigneur, voici la Reine.
Peut-être en voyant ſes attraits
Votre front rougira d'avoir craint une chaîne
Qui doit remplir tous vos ſouhaits.

SCÈNE III.

ZÉLIS, Sᴛ PHAR, LA REINE,
le viſage couvert de ſon voile.

ZÉLIS.

MAdame c'eſt en vain...

Sᴛ PHAR.

O ciel! qu'ôſés-vous dire ?

ZÉLIS.

Vos appas...

Sᴛ PHAR.

Arrêtés !

ZÉLIS.

Votre main, votre empire,
Ne ſont rien à ſes yeux :
Aline, une bergere eſt l'objet précieux. ,..
Aline eſt tout ce qu'il deſire.

S^T $P H A R.$

Ah ! n'avés-vous jamais aimé ?
Pardonnés aux tranſports d'un cœur trop enflâmé !

Le premier trait que l'amour lance,
Reſte tout entier dans un cœur ;
Le temps n'a point de puiſſance
Sur une premiere ardeur ;
Vainement d'une autre flâme
On écoute les tranſports ;
Tout ramene dans notre âme
Des regrèts, ou des remords.

J'ai retrouvé celle qui m'étoit chere ;
J'ai retrouvé l'objet de tous mes vœux ;
Eſt-elle-moins ce que j'aime le mieux.

Pour n'être, hélas ! qu'une bergere,
Je vous offenſe, ô ciel ! mais la trahir,
Mais vous tromper par un perfide hommage,
Être paré de vos donſ en gémir,
Vous offenſeroit davantage !

$L A$ $R E I N E$, ôtant ſon voile.

Quel moment !
Cher amant !

S^T $P H A R.$

Aline !

L A R E I N E.

Oui, la même.
Si l'éclat du diadême
Peut ajoûter au bonheur ;
C'eſt à l'inſtant que le cœur
Peut l'offrir à ce qu'il aime.

Sᵗ P H A R.

Si l'éclat du diadême
Peut ajoûter au bonheur ;
C'eſt à l'inſtant que le cœur
Le reçoit de ce qu'il aime.

Quoi ! vous règnés dans ce ſéjour,
Mon Aline ? ah, c'eſt un preſtige!

L A R E I N E.

La Fortune a fait un prodige ,
Pour enfaire hommage à l'Amour.

L A R E I N E.	Sᵗ P H A R.
Si l'éclat du diadême, &c.	Si l'éclat du diadême, &c.

Z É L I S.

Mais quel bruit !.. il augmente , & le ſon des
Tambours...

****

SCÈNE IV.

LA REINE, ZÉLIS, Sᵗ. PHAR, USBEK.

USBEK.

IL faut, il faut un prompt secours:
Des Français mutinés venés punir l'audace;
Ils ont forcé la garde, & déjà dans la place
　　Leur Drapeau leur sert de signal;
　　Ils demandent leur Général.

LA REINE.

Paroissés, ô Sᵗ Phar! contentés leur envie.

Et vous, que cette fête annonce à mes Sujets
　　Un jour heureux, un jour de paix,
　　Et le plus brillant de ma vie.

SCÈNE V.

Le Théâtre change ; il repréſente la principale porte du Palais ; les Troupes Golcondoiſes en défendent l'entrée ; les François paroîſſent du côté oppôſé.

Sᵀ PHAR, OFFICIERS & SOLDATS

FRANÇAIS & GOLCONDOIS.

PEULPES GOLCONDOIS.

LE CHŒUR.

FRANÇAIS.	GOLCONDOIS.
REndés-nous notre Général ; Redoutés cet inſtant fatal ! Briſons les portes du Palais Enfonçons-les, enfonçons-les !	REdoutés cet inſtant fatal, Redoutés cet inſtant fatal ! Vous allés ſavoir ſon deſtin ; Attendés l'ordre ſouverain. Écoutés, François, écoutés.

Sᵀ PHAR.

Arrêtés, Soldats ! arrêtés.

LES FRANÇAIS & les GOLCONDOIS

Vive Sᵀ Phar.

Sᵀ PHAR.

Sᵀ P H A R.

Amis, votre zele m'enchante !
Mais loin de prodiguer des jours trop précieux,
Partagés les plaifirs d'une fête charmante ;
Et, comme moi, foyés heureux.

SCÉNE DERNIERE.

(*Les* SOLDATS *fe retirent fur une marche : le Théâtre*
change ; & repréfente un Jardin dans le goût Afiatique,
orné pour une Fête ; on voit un Kiofte dans le fond.)

LA REINE, Sᵀ PHAR, USBEK, ZÉLIS,
UN VIEILLARD *& une* BERGERE, PEUPLES
GOLCONDOIS, BERGERS & BERGERES,
MATELOTS FRANÇAIS.

(*On danfe.*)

U S B E K.

Peuples, la Reine a fait un choix ;
Le Général François partage fa couronne ;
Les grands le placent fur le Thrône :
Suivés, fuivés fes loix.   (*On danfe.*)

LE CHŒUR.

Suivons les loix
Du Roi qu'elle nous donne ;
Sa couronne
Eft digne de fon choix.

G

Qu'il s'éleve au rang des plus grands Rois,
Qu'il nous conduife à la victoire ;
Qu'il refpecte toûjours les Dieux ;
A rendre fes peuples heureux
Que fon grand cœur mette fa gloire.

(*On danfe.*)

(*Une Simphonie champêtre annonce les* BERGERS.)

LA REINE aux BERGERS.

Venés, Bergers, venés vers votre mere ;
Pour moi votre afpect eft fi doux !
L'amour doit brifer la barriere
Que le refpect éleve entre le trhône & vous.

(*On danfe.*)

UN VIEILLARD & une BERGERE.

Nous nous approchons en tremblant,
Mais votre bonté nous raffûre ;
Pour nous quel moment !
Qu'il eft charmant,
Pour la tendreffe la plus pure !

Venés, revenés dans nos champs ;
L'Amour fe plaît tant où vous êtes !
Il ne fe livre aux plus doux chants,
Que d'accord avec les mufetes :
Chés nous les defirs
Et les foûpirs,

Offrent des voluptés parfaites.

ɪᴇ *VIEILLARD*, *la BERGERE & le CHŒUR.*

L'amour vous appelle, & ses doux accens
Vous disent : venés, revenés dans nos champs ;

L'Amour, &c.

(*On danse.*)

U S B E K.

Lorsque le Ciel, tranquille & sans nüages,
 Brille de l'éclat d'un beau jour ,
 Les oiseaux dans leurs ramages,
 Chantent la paix & l'amour.

Alors que d'une nue , & terrible & profonde,
 Le tonnere murmure, gronde
 Et déchire le sein des airs ;
 Tout frémit sous le feuillage ;
Pour les oiseaux tremblans, il n'est plus de concerts.

Mais que le Ciel tranquille & sans nüages ,
 Reprenne l'éclat d'un beau jour ;
 Ils reprennent leurs ramages ,
 Et les plaisirs de l'amour :
 Les oiseaux dans leurs ramages,
 Chantent la paix & l'amour.

(*CONTREDANSE GÉNÉRALE*,
qui termine l'Opera.)

FIN DU TROISIEME ET DERNIER ACTE.

APPROBATION.

J'Ai lu, par ordre de Monseigneur le Vice-Chancelier, *Aline, Reine de Golconde*, Ballet-Héroïque en trois Actes. & je n'y ai rien trouvé qui doive en empêcher l'impression. A Paris, ce 14 Mars 1766.

DEMONCRIF.

* 9 7 8 2 0 1 2 1 7 7 9 4 9 *